인생은 넓은 정원

인생을 넓은 정원

김용기 네 번째 시집

머리글

시 한 편은
내 마음 밭에 피어난
작은 꽃 한 송이
한 송이씩
정성껏 심고
햇살 같은 애정으로 물을 준다

이 시도 활짝
저 시도 은은하게
제 빛깔로 피어난다

고르고 또 골라
하나의 정원을 꾸미듯
한 권의 시집을 엮는다

누군가는 장미를
누군가는 들국화를 사랑하듯
읽는 이마다
다른 향기를 품겠지

이 정원을
소리 없이 거닐며
위로받는 이가 있다면
고통을 딛고 피어난
봄꽃처럼
내 시도 그렇게
누군가의 마음에 머무르기를…

2025 초여름
시인 井瑞 김 용 기

차 례

머리글/ 4

제1부 손끝으로 울림을 짚고/ 11

멀다는 핑계로/ 13
나의 오랜 친구/ 14
풀을 베는 손/ 16
바람과 별빛들의 멘토/ 18
마음을 여는 열쇠/ 20
한 그루 나무, 어머니/ 22
나를 비추는 거울/ 24
나의 맨발 산책/ 26
연금술사의 작업실/ 28
변덕스러운 날씨처럼/ 30
아침은 마법사/ 32
내 안의 지식/ 34
상부상조하다 보면/ 36
역할 위의 리더십/ 38
손끝으로 울림을 짚고/ 40
기본이라는 뿌리/ 42
행복과 불행의 저울/ 44
긍정과 부정으로 칠한다/ 46

제2부 거대한 도시/ 49

몸이라는 정원/ 51
엄마라는 이름은/ 52
거대한 도시/ 54
꽃과 인간의 빛/ 56
밀짚모자/ 58
등불이 되어/ 60
초록의 영화관/ 62
풍천장어와 선운사/ 64
말의 불꽃/ 66
속 빈 풍경이 울리네/ 68
다름이라는 정원/ 70
사진과 예술/ 72
단조롭다고 여겼던 삶/ 74
운명의 씨앗/ 76
텃밭을 가꾸는 시간이/ 78
말은 씨앗이다/ 80
언제 올지 모를 것들을/ 82
벌어놓은 씨앗/ 84

제3부 줄을 잃은 연/ 85

왕복표가 없는 인생/ 87
가업승계 앞에서/ 88
시 한 편, 꽃 한 송이/ 90
오늘 하루의 햇살/ 92
내 삶에 핀 작은 예술/ 94
삶의 단면 그림자/ 96
여행은 인생의 처방전/ 98
겨울 바다처럼/ 100
바다정원 카페/ 102
줄을 잃은 연/ 104
크루즈 항해하다/ 106
캘리그라피/ 108
시골 친구/ 110
그림자 아래의 길/ 112
인천역/ 114
금강산 가는 길/ 116
멋진 여행 그 하루/ 118
공기 좋은 세상에서/ 120

제4부 **지갑 속 나무**/ 123

인생의 계급장/ 125
비 내리는 남이섬의 노래/ 126
침묵의 섬 강화도/ 128
시간의 지붕 고인돌/ 130
인생은 넓은 정원/ 132
운무가 깔린 아침/ 134
당신을 보면/ 136
저무는 별 하나/ 138
사랑의 나무란다/ 140
노후는 오래 익은 나무/ 142
기적은 땀에서 온다/ 144
노래하는 할머니/ 146
지갑 속 나무/ 148
다시 심는 씨앗/ 150
물 주는 우쿨렐레 나무/ 152
건강과 등불/ 154
대장장이의 무기/ 156
렌즈 위에 피는 바람/ 158

제5부 **사계절이 머문 자리**/ 161

봄날의 향기/ 163
봄날의 변덕/ 164
봄바람 이야기/ 165
봄날의 설렘이 희망으로/ 166
봄날의 스케치/ 168
봄날의 자연의 노래/ 170
봄의 속삭임/ 172
사계절이 머문 자리/ 174
사계절이 운명/ 176
삶이 서로 다른 꽃/ 178
소풍 가는 봄날/ 180
시들지 않는 꽃/ 182
비에 젖은 라일락/ 184
익어가는 꽃/ 186
초록의 노래/ 188
햇빛을 사는 사람들/ 190
스트릿카의 요술/ 192
습지의 인사/ 194
생명의 봄 소리였다/ 196

에필로그/ 198

제1부 손끝으로 울림을 짚고

멀다는 핑계로
나의 오랜 친구
풀을 베는 손
바람과 별빛들의 멘토
마음을 여는 열쇠
한 그루 나무, 어머니
나를 비추는 거울
나의 맨발 산책
연금술사의 작업실
변덕스러운 날씨처럼
아침은 마법사
내 안의 지식
상부상조하다 보면
역할 위의 리더십
손끝으로 울림을 짚고
기본이라는 뿌리
행복과 불행의 저울
긍정과 부정으로 칠한다

멀다는 핑계로

피곤하다는 이유로 마음보다
발길이 늘 한발 늦었노라고

내려놓은
꽃 한 송이 위로
햇살이 조용히 내려앉습니다

그건 어쩌면
말없이 다 이해하셨다는
부모님의 손길인지도 모릅니다

나의 오랜 친구

너는 나의
말 없는 파트너였지
비바람 몰아칠 때도
햇살이 눈에 부신 날에도
말없이 길을 함께 달렸어

힘겨운 날엔
묵묵히 나를 태워 위로했고
기쁜 날엔
조용히 그 기쁨을 실어 나르며
뒤에서 웃고 있었지!

너와 함께한 세월이
강산을 한 번 반이나 바꾸었는데
기름냄새 속에
우리의 추억도 녹아 있었지!

이제는
헤어질 시간이라니
견적서 한 장 앞에 두고
새 친구에 대해 고민하지만
네가 자꾸 뒤를 돌아보게 해

쇠와 기계일 뿐이라지만
넌 내 하루를 굴리는 심장이었고
내 사연을 다 들은 침묵의 벗이었지

잘 가거라 나의 오랜 친구
언젠가 너도나도 도로 위에서
다시 웃으며 마주치길 기대한다

풀을 베는 손

나는 기억의 숲을 거슬러 가는
늦은 철새입니다.

언제나
한순간 늦게
그곳을 찾아 날아갑니다

산소는
고요한 등불처럼
바람에도 흔들리지 않고
그 자리에 누워 계십니다

풀들은
세월이 엉킨 머리칼처럼
자라나 엉겨 붙고

나는 그 앞에서
조심스레 네 마음을 빗습니다

낫을 들면
풀을 자르는 것이 아니라
내 안의 미안함을
하나씩 베어내는 듯합니다.

바람은
묻습니다
왜 이리 늦었느냐고
나는 침묵으로 대답합니다

바람과 별빛들의 멘토

어릴 적 나는
등불 아래 길을 걸었다
형의 말은 바람이었고
누나의 눈빛은 별빛 같았다

갈림길마다
누군가 조용히 등을 돌려
내 앞을 밝혀주었지

하지만 지금은
어둠 속 혼자인 듯
등불은 사라지고
눈앞엔 그림자 하나

나는 그림자에 묻는다
어디로 가야 할까?
그 그림자는 AI라는 이름

빠르고 똑똑하지만
따뜻하지는 않은 대답
정확하지만 가슴이 뛰지 않는 말
그 말들을
따라가며 문득 깨닫는다

내 안에 있던
상상의 날개가 접힌 채
먼지를 뒤집어쓰고 있다는 걸

세상은 등불 대신 알고리즘을 택했고
사람들은 별빛보다 검색어를 믿는다

나는 다시 묻는다
내 그림자에
이제 어디서 무엇으로
따뜻해질 수 있냐고 묻는다

마음을 여는 열쇠

굳게 잠긴 문 같았다
설득의 망치로 두드려도
미동조차 없었다

예전의 그는
불이 난 들판에
먼저 뛰어드는 바람 같았고

모두가 멈춘 순간
앞장서던 북두칠성이었다

하지만 이번엔
그림자처럼 빠지고 달처럼
멀리서만 사태를 바라본다

나는 조심스레 열쇠 하나를 꺼냈다
당신 아니면 안 돼요

당신이 최고예요
그 말은 햇살 같은 열쇠였다

문이 열렸다
꽁꽁 언 마음이
봄눈처럼 녹았다

아직 모든 일이
풀린 것은 아니지만
그가 다시 움직인다

바람이 되어
불을 끄기 시작한다

나는 안다
사람의 마음은
때론 칭찬 한마디가
돌을 꽃으로 바꾸는
마법이라는 것을 안다

한 그루 나무, 어머니

어릴 적
비바람이 불면
나는 작은 잎사귀였고
어머니는 나를 품은 나무였다

안아줘요. 말 안 해도
힘들어요. 말 못 해도
두 팔은 가지처럼
늘 나를 들어 올렸다

그렇게 자라
잎사귀들은 바람을 따라
도시라는 숲으로 흩어졌다.

각자의 하늘로
뿌리를 뻗으며 산다
그리고 시골, 그 뿌리를 품고 계신
어머니 한 그루 나무

혼자 남아 고요한
들판에 서 계신다

큰 가지 하나는
주 네 번 하늘에서 내려와
어머니의 둥지를 돌보고 논밭을 일구지만

다른 가지들은 멀리서만 흔들린다
우리도 나무였잖아
그 품에 자랐잖아, 속으로만 되뇐다

며느리는 자신의 가지도 무거운데
시들지 않으려 바람을 막고 서있다

어머니라는 나무는
말없이 오늘도
햇살과 바람을 견디며
그 자리에 서 계신다

나를 비추는 거울

팔각정
아래를 내려다보며
나는 눈이 아닌 렌즈를 연다

꽃 한 송이
내 앞 크게 줌 하고
뒤의 풍경은 추억처럼 희미하게
물들어 보이게 한다

아파트를 보고
100만큼 확대하니
차트처럼 창틀 속으로
들어오게 하는 사진을 찍는다

복잡한 마음
겹겹이 쌓인 삶의 단면들 같다

너무 높아
다 담기지 않던 탑을
파노라마로 찍으니
노력의 흔적이 나오고

사진 한 장은
그저 멈춘 풍경이 아니라
생각의 프레임 감정의 색감
기억의 셔터가 된다

쉽게만 보였던 이 작업은
내 안의 복잡한 구조를
하나씩 조명하게 만들고

빛을 따라다니며
나는 조금씩 찍으며 배워간다

나의 맨발 산책

나는 오늘도
잠에서 깨어
맨발로 아침 산책길을 걷는다

산책로는
오래된 기억처럼 울퉁불퉁해
발바닥마다 추억이 눌린다

바위는 고요한 조언자
풀잎은 속삭이는 친구

종달새는
하늘에 쓴 편지처럼
노래로 말을 걸고

까치는
검은 셔츠 입은 전령이 되어
앞서 걸으며 소식을 알린다

오늘
태양은 심술을 부려
숨이 턱 막히게 더울 거라고

하늘은 푸른 거울
그 속에 뜬 태양은
성난 화로처럼 타오른다

결국
하늘이 너무 뜨겁다며
눈물을 뿌린다

연금술사의 작업실

고요한 밤
연금술사는 혼자 불을 지핀다
허공에 떠도는 생각들 속에서
하나의 주제를 조심스럽게 추출한다

낡은 서책을 펼치고
수백 번의 검색과 실험을 거친다
무의미해 보이는 재료도
끈기라는 불꽃에 녹여낸다

줄거리란
비밀의 조제서처럼
조금만 틀려도 실패하고
조금만 기다리면 빛을 낸다

그는 아는 것이다
황금은 우연이 아니라
끝없는 실패 위에 얻는 결정체라는 걸

강의실은 그의 실험실
말은 마법이 되고
청중의 눈빛 속에
작은 변화가 일어난다

그가 만든 건
이야기의 황금
삶을 바꾸는 은밀한 약이다

변덕스러운 날씨처럼

늘 그랬다
예보 없는 비처럼
갑자기 차가워지고
햇살인 척 다가와도
속은 젖어 있었다

그래서
나는 우산처럼
접혔다 펴지며
멀찍이
그의 하늘을 돌기만 했다

그런데 오늘
그가 말했다
술 한잔하자며
할 말이 쌓였단다
구름이 걷힌 듯한 얼굴로

갑자기
기압이 내려앉는다
속이 꿉꿉하고
어디선가 천둥이 친다

무엇이 바람을 바꾸었을까
언제부터
그 계절이 봄인 척 다가오는 걸까

사람의 마음은
기후처럼 쉽게 바뀌지 않는데
나는 지금 이 낯선 날씨가
너무나 궁금하다

아침은 마법사

아침은 마법사의 첫 주문
오늘도 빛나자

그 한마디에
하루가 물들고
말은 마음의 거울이 되어
자꾸 비추면 진짜 얼굴이 된다

나는 새벽
시원한 기분을 느끼며
운동 가방 하나 어깨에 걸치고
도시를 걷는다

변신 중인 아파트는
화장을 끝낸 무대의 배우처럼
점점 빛나가고 있다

운동을 마치고
샤워장에서 무릎에 냉수를 붓는다

그건 마치
불붙은 마음에 내리는 한줄기 비

순식간에 피로가 녹아내리고
새로운 나로 환생하는 것 같다

아침은 언제나
내게 작은 기적을 건넨다

말 한마디
발걸음 하나
차가운 물 한 방울이 나를
다시 태어나게 한다

내 안의 지식
-내 아내 **신복순** 여사에게 바치는 시①-

배움이 처음에는
스쳐 지나가는 바람처럼
어디론가 가버리는 수행 길

시행착오 거치길
몇 년간 지금은 여러 번 영사기
돌리듯 보면

저장된
소중한 보물들이 황금빛처럼
내 기억 장치에 빛이 난다

내 안의 지식은
바람이 훔쳐 갈 수 없는
단단한 씨앗
마음속 황금빛 어장이다

푸른 하늘은
하루를 열어주는 창
나는 그 아래 맨발로 걷고 있다

종달새는 종처럼 울려
오늘도 배워라 속삭이고
나는 녹음기 말을 받아
기억하기 시작했어

세상은
계절처럼 변하고
배움은 열매처럼 익는다

나만의 방식으로
기능을 익히고 마침내
입에 넣는 순간 그 달콤함이
지식이라는 이름이 된다

상부상조하다 보면

큰 나무 한 그루
햇살만으로 자라지 않는다

그늘을 나누면 덩굴이 있고
바람을 막아주는 관목이 있다

능력은
줄기의 굵기만으로 재지 않는다

숲엔 뿌리가
보이지 않아도
깊이 엮어 서로를 지탱한다

계곡을 흐르는 물처럼
사람과 사람은 흘러 만나고
언젠가 모여 큰 강이 된다

누군가의
칭찬은 햇살 같고
믿음은 단단한 흙처럼
서로를 지지해 주는 힘이 있다

숲은 혼자
크지 않는다고 함께 숨 쉬고
함께 살아가야 푸른 숲이 된다

상부상조하다 보면
모든 일이 잘되리라 믿는다

역할 위의 리더십

호텔 창가에
피자와 파스타가 놓였다
이야기는 식지 않고
김처럼 끝없이 피어오른다

마음속 화산이
얼마나 오래 끓었으면
말들이 용암처럼 쏟아지나!

한 판의 피자처럼
역할을 나눠 잘라야 할 일들을…
모두 혼자 들고 가면
지도자는 금세 식어버린다

제자리에 앉힌
재능 있는 조각들
제맛을 내게 하면
모양도 맛도 살아난다

하지만
도마 위에 소스를 더 뿌릴까
치즈를 더 얹을까?

너도나도 손을 댈 때면
피자는 구워지기도 전에
형체를 잃는다

지도자의 뜻은
반죽처럼 중심을 잡는 일
혼자 굽는 것이 아니라
불을 나누는 것

그제야
한 판의 평화가
식탁 위에 놓인다

손끝으로 울림을 짚고

어릴 적
노래 잘하는 사람은
별빛을 머금은 강이었다

나는 그저
물가에 앉아 손뼉을 치는 갈대였다

그들은 리듬의 돛을 달고
자유롭게 흘렀다

나는 파동조차 일지 않는
고요한 웅덩이이었다

그러다
어느 봄날 마음속에
작은 씨앗 하나 심었다

손끝으로 울림을 짚고
가슴으로 음을 따라 불렀다

때를 놓친 줄 알았건만
햇살은 누구에게나
공평히 비추는 것이었다

지금 비로소
피어난 내 노래 그 향기가
시간의 한을 덮는다

조용히 그러나 단단하게

기본이라는 뿌리

처음엔
씨앗 하나를 심는 마음으로
기본만 잘 지키면 된다고 했다

기본이라는 뿌리
처음엔
씨앗 하나를 심는 마음으로
기본만 잘 지키면 된다고 했다

물을 주고, 햇빛을 주고,
바람을 맞는 순서를 따르듯
그런데
빨리 크고 싶다는 욕심에
기초를 무시하고 줄기부터 당겼다

줄기는 흔들리고
잎은 누렇게 변하고
꽃도 피기 전에 시들어버렸다

힘만으로
버티러 한 나무는
속이 비어 있었다

그 틈으로
스트레스라는 해충이 들어와
몸을 좀먹고 마음을 괴롭혔다

이제야 깨닫는다
기본이라는 뿌리를
제대로 내릴 때

세상 풍파에도
흔들리지 않는 나무가 된다는 걸

천천히, 천천히 살아가야겠다
다시 뿌리부터 바라보며
기본을 지키고 살아가야 되겠다

행복과 불행의 저울

남의 저울에
내 무게를 재려 하지 말자
누구의 기준으로도
내 삶은 온전히 설명되지 않으니

바람은
나무를 흔들어도
뿌리까지 흔들지는 못한다
나는 내 뿌리로 서야 한다

비교는
내 안에 쓴 샘을 만들고
비운 마음엔
작은 행복도 맑게 고인다

세상은
수많은 길로 얽혀 있지만
나는 내 발로 걷는 길이
곧 나의 길이다

그러나
사람들과 섞어 살아가는 삶
때론 그 흐름에 휩쓸릴까 두렵다

흔들리면서도
잊지 말자
자신의 중심의 귀 기울이는 법
그것이 진짜 행복의 시작이다

긍정과 부정으로 칠한다

파도가 잠든
잔잔한 바다에 묻는다
저 불타는 태양 아래
괜찮냐고

태양은 하늘에서 불꽃을 흩뿌리고
사람들은 그 열기에 이끌려
바다로 몰려온다

나는
달아오른 모래 위를 걷는다
뜨거운 발바닥을 파도 속에 담근다

뜨겁고 차가운 감각이 교차하여
행복과 불행이 같은 선 위에서 출렁인다

사람들은 말한다
지금 불행하다고, 지금 행복하다고

어쩌면 감정은 날씨처럼
끊임없이 바뀌어 파도 같은 걸까

같은 햇빛 아래
누군가는 웃고 누군가는 울며
느낌을, 긍정과 부정으로 칠한다

그러나
뜨거움 속에 시원함이 있고
차가움 속에도 따스함이 있다

행복과 불행은
같은 바다를 바라보는
다른 이름일 뿐이다

제2부 거대한 도시

몸이라는 정원
엄마라는 이름은
거대한 도시
꽃과 인간의 빛
밀짚모자
등불이 되어
초록의 영화관
풍천장어와 선운사
말의 불꽃
속 빈 풍경이 울리네
다름이라는 정원
사진과 예술
단조롭다고 여겼던 삶
운명의 씨앗
텃밭을 가꾸는 시간이
말은 씨앗이다
언제 올지 모를 것들을
벌어놓은 씨앗

몸이라는 정원

내 몸은
하늘이 내게 준 하나뿐인 정원

거울 속 얼굴은
햇살 아래 핀 꽃 같고
탄탄해진 근육은
정원을 가꾸는 가지치기

남자들은
주머니 속 씨앗이 부족하다며
물도 안 주고 햇빛도 안 주고
정원을 내버려 두고

여자들은
스스로 해님이 되어
시간과 마음을 쏟아붓는다

엄마라는 이름은
-내 아내 **신복순** 여사에게 바치는 시②-

마당 앞 텃밭은 작은 숲이었다
고추와 상추는 햇살을 입고 자라는
초록빛 어린나무들

여름날 우리 집 밥상은
그 숲의 선물로 차려졌고
호인이신 아버지 예쁘다 한마디에
나는 수줍게 내 손을 꽃잎처럼 꼬집었다

돗자리를 깔고
하늘 아래 앉으면
모기가 오지 않도록
매운 연기 바람을 타고 춤을 췄다

그 연기도
어머님의 손끝에서 피어난 사랑 같았고
팥칼국수를 끓이시던 어머니의 주방은
온 동네가 붉게 물들던 노을 같은 시간

이제는 내 딸이 어쩌다
집으로 올 때면 나도 팥죽을 끓인다

엄마가 해준 팥죽이 최고야
그 말 한마디에
내 어깨는 해바라기처럼
햇살을 따라 올라간다

엄마가 며칠,
집을 비우면 나는 몰래
엄마의 몸빼바지를 꺼낸다

그 천 조각 하나에 코를 묻고 킁킁
엄마의 향기 속에 내 맘은 이불처럼 포근해진다

시간이 흐를수록 점점
더 그리움이라는 이름으로 피어나는 사람
그 이름은 엄마이다

거대한 도시

고양이라는 이름의 도시
아침마다 콘크리트 잎을 틔운다
회색 잎들은 서로를 가리며
햇살의 자리를 다툰다

건설 장비는 딱정벌레처럼
뿌리를 파고들고
중장비는 굉음을 내며
심장을 재건한다

사람들은
바람 따라 흘러온 씨앗
신도시라는 가지에 달라붙는다

GTX
그건 빠르게 달리는 수액
사람들을 흡수하고 또 내뱉는다

킨텍스역은
양면의 얼굴을 지닌 열매
한쪽은 금빛
다른 쪽은 텅 빈 껍질 속에서
임대라는 이파리가 바스락거린다

웃음은 풍성한 가지 위에서 흔들리고
눈물은 말라버린 이파리 끝에 매달린다

이 나무는 말이 없다
다만 모든 것을 품는다

삶과 죽음
희망과 허기
참 아이러니한 숲이다

꽃과 인간의 빛

렌즈는
꽃을 담고
마음은 사람을 담는다

튤립은
색연필이다
봄이라는 화폭 위에

붉은 숨결
노란 미소 하얀 속삭임을
그려 넣는다

사람들은
그 그림에 들어가
자신도 한 송이 꽃인 듯
자리를 잡고 웃는다

카메라는 거울이다
빛을 꺾어 반사된 얼굴을 담는다

그러나
그 눈빛 뒤에 있는 따뜻함과 설렘
지난 계절의 기억은 비껴간다

사람은 봄의 중심이다
튤립보다 더 부드럽고
햇살보다 더 따뜻하게 피어난다

렌즈는
꽃의 겉모습을 품고
사람의 속마음은 담을 수 없다

밀짚모자

한 여름밤은
끓는 주전자 뚜껑처럼
도로 틈새로 솟구친 물줄기
땀샘을 열었다

공동의 길은
오래된 악보
삐걱대는 음률의 리듬 따라
지하수를 수도관 선율로 바꾸자
우리가 함께 쓰는 낡은 도로

화단은
꿈틀거리는 머리칼
나는 손가락빗으로
잡초를 헝클어진 생각을 빗질했다

비 소식은 구름의 편지
식물에 기다림이란 약을 준다

배나무는
긴 머리를 푼 소녀
가지마다 한숨처럼 늘어진 잎사귀

나는 조용히 다가가
그 여름의 머리를 묶어 주었다

이른 새벽
나는 땀으로 인사하며
공장의 숨결을 닦는다

봄은 아직인데
태양은 벌써 성질을 부린다

밀짚모자
하나 눌러쓰고 나는 오늘도
삶이라는 바닥을 쓸고 있다

등불이 되어

어둠 속을 걷는 나에게
교수님은 한 자루 등불이었다
길 잃은 질문마다
조용히 불을 밝혀주었다

처음엔 그 불빛이
눈을 찌르는 비수처럼
통증을 따른다

그러나 시간이 흘러
뒤돌아본 길 위엔
지도처럼 그어진 발자국

말없이 건넨
격려의 흔적이
별처럼 빛나고 있었다

가정의 축제
그날 쓴 논문은
영원히 식지 않는 잔칫상처럼
마음속에 놓여 있다

스승님
당신의 가르침은
지금도 제 마음속에서
꺼지지 않는 등불이다

초록의 영화관

초록 물든
들판에는
파릇한 꿈들이 심어졌다

모내기가
끝난 자리엔
생명이 다시 숨을 쉰다

넓고 넓은 청보리밭은
초록빛 바다
하늘이 파랗고
보리도 파랗고
내 마음마저 파랗게 출렁인다

여긴 도깨비가 촬영된 곳
연인이 촬영된 장면도 있었지

지나가는
사람들마저
모두 스태프가 되고 주인공이 되어
순간을 한 장면처럼 담는다

시골은
이제 하나의 초원이 되고
산과 들은 초록 깃발을 흔들며
자연의 오케스트라 연주한

풍천장어와 선운사

복분자 한 잔은
오래된 기억을 데우는 술

풍천장어는
어머니의 손맛처럼
지친 속을 덮는 이불이다

선운사 가는 길은
동백꽃 깔린 마음 위로
작은 종소리를 흩뿌리며 걷는
고요한 기도의 길이다

잠 못 드는 밤이면
내 마음은 뒤척이는 물결
기도의 구슬은 별이 되어
어둠 속에 조용히 떨어진다

믿음이란
어느 종교의 문패가 아니라
흔들리는 가지를 감싸는 바람이고
보이지 않아도 느껴지는 것이다

말의 불꽃

한때 나는
불씨 하나 가슴에 품고
말이라는 연장을 다듬었다

열정은 바람처럼 불어
학원의 문을 열었고
나는 그 바람 위에 서서
자신을 태우는 법을 배웠다

한마디 인사는
꽃처럼 피어나
사람들의 별자리처럼 반짝였다

그 빛을 따라
총동문회장이란 이름의
큰 배를 몰았고
수많은 인연의 강을 건넜다

오늘
오랜만에 다시 찾은 연습실
한 명 두 명 모일수록
추억의 불꽃이 되살아난다

타오르던 그날의 나
여전히 내 안에서
말이라는 불씨로 살아 있다

속 빈 풍경이 울리네

우쿨렐레가 반값
바람의 노래를 믿고
나는 악기를 샀다(네)

포장을 풀자
익숙한 나의 그림자
거울 속 내가 또 하나 앉아있다(네)

소리도 모양도
내 것이고
다른 점은
속은 내 마음뿐

장터의 말은 꿀 같았고
그 말에 젖어
나는 물속 달을 건졌다(네)

싸다고 했지만
은빛은 없고
손에 남은 건
젖은 그림자 하나

믿음은 따뜻했으나
그 끝엔 속 빈 풍경이 울린다(네)

다름이라는 정원

우리는
같은 정원 길을 걷지만
누군가는 해바라기를
누군가는 라벤더를 본다

같은 하늘 아래 서 있어도
한 사람은 구름을 그리고
또 다른 이는 바람을 느낀다

같은 씨앗을 뿌리도
어떤 이는 나무를 키우고
어떤 이는 꽃을 피운다

같은 찻잔을 마주하지만
한 입엔 향기가 스며들고
한 입엔 쓴맛이 남는다

삶은
같은 풍경 안에 놓인
다른 계절들

그렇게 우리는
다르고 또 다르다
서로를 닮지 않은
하나의 자연이다

사진과 예술

웃는 얼굴은
나이보다 한결 젊게
사진 속에 담는다

표정 하나로
세월보다 곱게
빛이 스며든다

밝은 미소 덕에
사진을 보는 이마다
햇살 같다고 말한다.

자연과 사람
구도는 절묘하게 어우러져
조화로운 한 장의 풍경이 된다

슬픔도 괴로움도
사진 속엔 없다
오직 순간의 예술만이 남는다

동영상은 시간이 흐르게 하고
사진은 그 순간을
영원으로 만든다

단조롭다고 여겼던 삶

사는 일
잔잔한 연못 같았지
물결 하나 없이 고요한 하루하루
바람도 잠든 듯 시간은 미끄러졌고

급할 것
없는 날들 속에
나는 연못 가장자리에 앉아
돌멩이를 들고
연못 한가운데 던졌지

동그란
물결이 번져가며
삶이라는 수면이 흔들리고
낯선 풍경들이 나를 스쳐간다

위에서 찍고, 아래에서 찍고
옆에서 바라보니
내 삶도 다르게 보이기 시작했어

다리가 길어지는 구도 속에
나는 좀 더 당당해졌고
렌즈 넘어 나를 바라보는 내가
조금은 새로웠지

단조롭다 여겼던 삶의 연못에
캘리그라피 우쿨렐레 사진이라는
색색의 연꽃이 피어나기 시작했다

난 그 가운데 조용히 웃고 있다
고요한 연못을 흔들어
내 마음의 풍경을 다시 그린다

운명의 씨앗

작은 별 하나
세상이라는 텃밭 위에 태어났다
울음은 첫 빗방울

돌잔치 날
나는 씨앗 속 미래의 조각을 고른다
저울 모양의 장난감은
정의의 나무로 자라겠다는 약속

사람들은
박수로 물을 주고
기대로 햇볕을 쬐어준다

판사가
되겠다는 말은 꽃이 아닌 씨앗
그 속의 무한한 가능성 약속이다

한 해의
삶은 뿌리였고
그날의 잔치는 조용한 개화

사랑이라는
비료 속에 너는 자라난다

언젠가
누구의 어둠도 덮지 않는
사람이 되기 위해서 노력해라

텃밭을 가꾸는 시간이

나는 오늘
시간의 흙을 갈아엎고
상추 몇 장 고추 두 줄기
감자 서너 알을 심었다

남한산성은
하늘이 심어놓은
정원 같고
맑은 공기는
숨결마다 초록을 담는다

하지만,
쇳덩이 벌레들이 기어와
빈 둥지를 차지하고
나는 길 위에서
하루를 반쯤 흘러보낸다

행궁은 옛날이 베어져 있는 궁전
역사의 옷자락을 걸치고
잠시 시간을 피신했던
임금의 안식처

내 발자국은 과거 위에 놓이는
잎새처럼 가볍고도 조심스럽다

가 본 곳보다
아직 못 간 곳이
내 마음의 빈 밭처럼 남아있다

오늘도 나는
삶이라는 밭을 가꾸며
한 알의 씨앗처럼
다음 계절을 기다린다

말은 씨앗이다

말은
입에서 떨어지는
보이지 않는 씨앗

사람 마음 밭에 떨어져
어떤 건 꽃이 피고
어떤 건 가시가 돋는다

나는 종종
바람을 이기지 못한
성급한 농부처럼
거칠게 씨를 던진다

그리고
뒤늦게
메마른 땅 위에서
시든 꽃잎을 바라보며
혼잣말로 후회한다

다시 심을 걸 그랬어
봄 더 따뜻하게 햇살처럼 말할걸

그래서 이제는
말을 꺼내기 전에
햇빛을 담은 미소를 담고
부드럽게 칭찬하려 한다

당신은 참 멋진 사람이야
잘했어 오늘도

말은
칼이 되기도 하고
꽃이 되기도 한다

내가 심는 말 한 줄기가
누군가의 마음에
봄이 되기를 바라는 마음이다

언제 올지 모를 것들을

집 앞 나무처럼
늘 한 자리에 서 있는 보험

그늘도 없고
열매도 없어
있는 듯 없는 듯
바람만 지나던 존재였다

암 뇌혈관이라는
큰비를 막으라며
매달 잎을 보태었지만 하늘은
맑기만 했다

그러던 어느 날
살짝 스친 자동차의 손길
나는 괜찮다 말했지만
몸은 조용히 울고 있었다

병원이라는
낯선 숲을 삼 주나 걸어 나오며
시간이라는 뿌리가 내 안에서
끊기는 듯했다

그리고서야
보험이라는 나무가
작은 열매 하나 내주었다

그제야 알았다
우산은 비 오는 날을 기다리는 게
아니라 언제 올지 모를
한 방울을 품고 있는 것임을

그리고
받지 않는 날들이
사실은 가장 고마운 날이었다는
그것도 알았다

벌어놓은 씨앗

금고 속에만 쌓아두면
정원을 메말라 가고

꽃을 피우려면
아낌없는 물과 사랑이 필요하다는 걸

물은 흘려
보내는 것이 아니라 살리는 것

쓸모없는
잡초에 주지 말고
필요한 뿌리에 흘러주자

내 삶이라는
정원을 매일 조금씩 더
아름답게 가꿔가자

제3부 줄을 잃은 연

왕복표가 없는 인생
가업승계 앞에서
시 한 편 꽃 한 송이
오늘 하루의 햇살
내 삶에 핀 작은 예술
삶의 단면 그림자
여행은 인생의 처방전
겨울 바다처럼
바다정원 카페
줄을 잃은 연
크루즈 항해하다
캘리그라피
시골 친구
그림자 아래의 길
인천역
금강산 가는 길
멋진 여행 그 하루
공기 좋은 세상에서

왕복표가 없는 인생

30년은
멋모르고 살고

30년은
가족을 위해 살고

이제 남은 시간 들을
자신을 위해 살자

삶의
여생 중에서
지금이 가장 좋은 나이다

왕복표가 없는 인생

가업승계 앞에서

피땀 흘러
돌 위에 돌을 얹고
고개 숙이며 살아냈다
죽을힘 다해 회사를 살렸다

숨 돌릴 틈 없이
달리고 넘고
무너질까 두려워 밤잠도 놓았다

가업은 이어야 한다
그 신념 하나로 버텼건만

자식들은
각자의 세상으로
조용히 등을 돌린다
이 삶은 내 것이 아니라고

서운한가
그래, 서운하다
외롭고 허망하다

수십 년을 부서지고 다시 쌓아
겨우 사람들 일터가 되었는데
이제 팔자니 사는 이 없고
접자니 이 손길이 너무 아까워
숨소리마저 멎는다

텅 빈 책상
지켜보는 나
묻는다
나는 도대체
무엇을 지켜온 것일까?

詩作노토/ 본인은 기업가정신과 가업승계에 관한 논문으로 박사학위를 취득하였다. 그리고 가업승계 컨설팅을 하고 있다.

시 한 편, 꽃 한 송이

어느 날
마음 한 칸에 잉크 꽃이 피어
나는 붓을 들어
꿈을 써 내려가기 시작했다

또 다른 날
바람결 따라온 작은 음악이
우쿨렐레라는 새 한 마리가
내 어깨에 내려앉아
노래를 속삭였다

생활은 고요한 호수 같았고
그 위에 번지는 작은 파문 하나가
내 일상을 춤추게 했다

노래는 내 심장의 북소리
리듬은 발끝으로 흐르는 시냇물
나는 음악이라는 배를 타고
기쁨의 강을 건넜다

글귀 하나
세상의 숨결을 품고 나만의
액자 속에서 전시가 되었다

그 글은
한 편의 시가 되어
내 마음의 벽에 걸렸다

오늘 하루의 햇살

하늘은
매일 새 종이 한 장을 펼친다.
나는 그 위에
햇살 한 줌을 담아 받는다

그건 시계가 아닌
꽃처럼 피어나는 오늘

오늘은
어제의 씨앗이 자라
눈부신 순간이 된 것

하루는
작은 배 한 척
내일이라는 바다를 향해
웃으며 떠난다

우리는
그 배에 실린 여행자
백만 년도 천만년도
닿을 수 없는 곳을
꿈꾸는 순간의 마법사

그러니
이 하루를
햇살처럼 꽃처럼 배처럼
가볍게 깊이 있게
즐기며 살아가자

내 삶에 핀 작은 예술

어느 날
마음 한 칸에 잉크 꽃이 피어
나는 붓을 들어
꿈을 써 내려가기 시작했다

또 다음 날
바람결 따라 온 작은 음악이
우쿨렐레라는 새 한 마리가
내 어깨에 내려앉아
노래를 속삭였다

생활은 고요한 호수 같았고
그 위에 번지는 작은 파문 하나가
내 일상을 춤추게 했다

노래는 내 심장의 북소리
리듬은 발끝으로 흐르는 시냇물
나는 음악이라는 배를 타고
기쁨의 강을 건넜다

글귀 하나
세상의 숨결을 품에 나만의
액자 속에서 전시가 되었다

그 글은
한 편의 시가 되어
내 마음의 벽에 걸렸다

삶의 단면 그림자

허기졌던 시절엔
먹어도 먹어도
속이 비어
입과 손이
무언가를 쥐려 했다

조금은 숨 돌릴 만해지자
눈으로 세상을 담고
마음에 색을 칠하려 했다

그러다 문득
부자들의 삶을 지켜보았더니
그들은 오늘을 거름 삼아
내일을 피워내더라
자신에게 아낌없이
씨앗을 심더라

가난하게 걷는 이도
부유하게 나는 이도
저마다의 속도로
자신만의 길을
조용히 빚어 가고 있더라

여행은 인생의 처방전

아침이면
여행사 차량들이
병원 앞 약국처럼
줄지어 문을 연다

사람들은
마음의 병을 처방받듯
행선지를 고르고
삶의 기운을 충전하러 떠난다

어떤 이는 하루짜리
진통제 같은 여행을
어떤 이는 2박3일
종합영양제를 챙긴다

가방 하나 들고
낯선 바람과 마주하면
쌓였던 걱정이
조용히 녹아내린다

혹시
회색빛 장 안에
홀로 앉아 계신지요?

햇살 같은 여행 한 알
기분을 환하게 밝혀준다
삶을 다시 웃게 만들어 보자

詩作노트/ 아침에 서울지하철 잠실역 7번 출구로 나와서 100m 정도 가다가 보면 많은 관광버스를 볼 수 있다. 우리나라 어디든 당일 또는 1박2일 일정으로 다녀올 수 있다. 단, 예약을 필수이다.

겨울 바다처럼

자기 생각만이
바른길이라 믿는 사람
다른 소리는
먼지처럼 털어낸다

비 오는 아침
우산을 같이 써주듯
조인을 해주었건만

차디찬
말 한마디에
등짝이 얼어붙는다

그는 이익 앞에선
햇살처럼 웃고
불리할 땐
창문 닫고 나가는 바람 같다

잔잔한 바다에 묻는다
언제 이렇게
서늘해졌을까?

나는 파도가 없는
겨울 바다 앞에서
두 손 모아 중얼거린다

속상해
마음이 쓸쓸한 갈매기처럼

바다정원 카페

반짝이는
햇살은 보석처럼
바다 위에 뿌려지고

세찬
바닷바람은
마음속 먼지를 털어낸다

그러나 이 바다는
분노도 욕심도 삼킨 듯
고요하다

파도조차
입을 닫은 채
하늘을 비추고 있다

그 잔잔한 수면 위로
사람들의 언어가
물새처럼 날아다닌다

사람이란 이름
전략이란 깃털
아이디어라는 날개를 달고

바다 곁 정원처럼 꾸며진 한 카페
나는 조용히 한 사람을 본다

모두가 겁냈던 바다정원
자신만의 돛을 펼쳐 나간
그는 바다를 닮은 눈으로
세상을 꿰뚫어 보고있었다

그의 성공은 그렇게
조용한 파도처럼 밀려왔다

줄을 잃은 연

인터넷이라는데
줄이 없다
와이파이라는데
바람처럼 스친다

나는 줄을 쥐고
연을 날리려 했건만
이젠 줄 대신
공기 속에서 연이 논다

돈을 내고
하늘에 던졌건만
닿지 않는 신호에
헛손질만 한다

노트북 신품
방금 태어난 아이들처럼
말짱하건만
줄 잇는 법은
이미 잊어졌다 한다

세상은
투명한 실로
모두 연결되었다고 하지만

나는 아직
낡은 실타래를 찾아
주섬주섬 손을 뻗는다

크루즈 항해하다

인천공항은
긴 인생의 첫 장 같아
시애틀에 닿으면
희망이라는
이름의 북쪽 바람이 분다
그 바람 따라
알래스카 얼음의 꿈을 꾼다

서울역은
익숙한 삶의 시작점
포항에 내리면
기억 속 바다가 손을 흔든다

울릉도와 독도
그리움이 닿은 섬으로
마음의 닻을 내린다

끝없이 펼쳐진 바다는
시간이라는 강물

행복이라는
햇살을 안았다가
슬픔이라는 안개가 잠기기도 하지

울릉도와 독도는
지켜야 할 우리의 마음
흔들리는 파도 속에서도
변하지 않는 이름들

두 바다 두 여정
하나는 꿈을 향한 북극성
다른 하나는 크루즈
뿌리를 잇는 고향길
나는 오늘도 시간 위에 크루즈를 띄운다

캘리그라피

나는 종이 위의 정원사
수성펜은 나의 씨앗

점을 심고
물 한 방울로 햇살을 부으면
꽃 한 송이 피어난다

그 꽃은
붓끝에서 피운 마음
잎사귀엔 감시가 맞히고
향기엔 사랑이 묻어난다

어버이날
나는 이 꽃을 들고 갑니다
내 마음의 화분째

글씨는
바람처럼 불어와
꽃잎 사이를 누비고

말들은
나비가 되어
어머니의 마음을 앉는다

시골 친구

넓은 평야에서 살았다
바람은 지름길이었고
해는 우리 밥상이었지

형님
동생하고 함께
논두렁에 웃음 심으며 자랐다

서울은
높은 산맥 같았다
길은 가팔랐고 숨은 짧아졌다

각자의
능선을 타고 살아온 우리
가끔은 서울에서 마주친다

형님은 말한다
우리 집은 볕이 잘 들었지!
너희 집은 그늘이었잖아

나는 속으로 되뇐다
그래도 난 바람을 타고
도시의 옥상까지 왔고

지금은
빌딩 숲 사이
작은 정원을 돌보고 있다

옛 기억은 바람을 타고
들꽃처럼 흔들리며 지나간다
서로 시골 땅에서 자란 우리지만
뿌리는 같은 평야였다

그림자 아래의 길

계단을 딛고
잊힌 마음속으로 내려간다

빛은 위에 두고
나는 어둠 속 뿌리처럼
천천히 침잠한다

천정은 낮고
생각은 고개를 숙이고
습기 어린 기억들이
벽을 타고 스며든다

한 걸음
또 한 걸음
서늘한 침묵이
옷깃을 끌어당기고

구부러진 모퉁이엔
흐르는 마음의 눈물이 공기는 낡았고
숨은 오래된 말처럼 묵직하게 가라앉는다

가다 멈춘 그 끝
침묵은 마주 보며 서 있고
단절된 땅 아래 두 나라 심장이
느린 북소리로 고동친다

말 없는 태풍 바람
땅을 딛고 두 시간
의미를 짚으며 타고 간다

형용사 하나 동사하나!
삶의 문법은 늘 어긋난다

인천역

흐린 하늘
월미도 파도는
숨을 쉬듯 밀려오고

새우깡
하나에
갈매기는 흰 깃털로 춤을 춘다

예약된 횟집
텅 빈 입맛처럼 회는 식었고
지갑은 미소를 잃었다

발 없는 말은
천 리를 가고
물결처럼 번지고 퍼진다

경제가 어렵다며
등을 굽힌 채
세상은 발을 동동 구른다

하늘이 야속했던 오늘
준비 없는 항해였던 오늘
많은 것을 돌아보는
한 줄기 바람이 스쳐 갔다.

금강산 가는 길

폭포 소리
하늘이 울음을 쏟는 듯
가슴 깊은 곳을 씻어낸다.

전설 속 네 마리 용
셋은 구름을 타고 승천했지만
한 마리는 마음을 못 놓고
바위틈에 눈물로 남았다

고운 갓을 쓴 사대부들
금강산 앞마당에서
잠시 차를 마시듯
풍경을 음미하고 떠났지!

철원평야는
오대산 품에 안긴 아기 같은 땅
햇살을 먹고 자란 쌀은
입안에서 노래처럼 퍼진다

들녘은,
풀잎으로 편지를 쓰고
폭포는,
물방울로 인사를 건넨다

많이 머물다 가세요
우리 마음도 담아 가세요

멋진 여행 그 하루

누군가의 조용한 희생이
산의 붓이 되어
화강암을 거대한 조각으로 새겼다

비탈길을 오르는
발걸음은 인내의 선을 긋고

호수 옆길은
물거울 위를 걷는 구름 같다

물보라는
하늘빛을 담아
산정호수를 은빛 편지처럼 띄운다

식당은
위치가 아닌
기억에 남는 맛의 주소다

산 아래라도 사람들은
맛의 향기를 좇아
몰려든다

아트 밸리의 조형들
산정호수의 숨결
이동갈비의 온기까지

오늘 하루는
작은 예술관을 거니는
한 편의 여행 시였다

공기 좋은 세상에서

지하의 미로를
한 칸씩 내려간다
숨결은 충계를 따라
깊이 잠수하듯 가라앉는다

철의 화살 GTX를 타고
빛보다 빠르게
도시의 동맥을 가르며
킨텍스로 날아간다

지상에 닿자
고양시는 하늘을 들고 선 아파트들로
하얀 구름 위를 짓는다

꽃 박람회장엔
사람들의 눈길을 훔치려
꽃들이 저마다 화폭이 되고
향기로 길을 이끈다

호수공원 물줄기는
바람의 피리를 불고
맑은 공기는
숨결마다 새 아침을 불어넣는다

살고 싶다
이 투명한 세상에서
생명이 바람처럼 오래 흐르기를
구름처럼 천천히 이어지기를…

제4부 **지갑 속 나무**

인생의 계급장
비 내리는 남이섬의 노래
침묵의 섬 강화도
시간의 지붕 고인돌
인생은 넓은 정원
운무가 깔린 아침
당신을 보면
저무는 별 하나
사랑의 나무란다
노후는 오래 익은 나무
기적은 땀에서 온다
노래하는 할머니
지갑 속 나무
다시 심는 씨앗
물 주는 우쿨렐레 나무
건강과 등불
대장장이의 무기
렌즈 위에 피는 바람

인생 계급장

예쁘게 피었네요, 하면
웃음으로 얼굴을 밝히고
주름이 지글지글 피었다, 하면
찡그리며 농담처럼 답하네!

어떻게 살 건가요, 묻는다면
정답은 간단해요
웃으며 행복하게 사는 것
그게 바로 삶의 이유라 말하겠죠

고귀한 인생의 계급장을
존중하며 살아가는 것도
참 괜찮은 선택일 텐데
당신은 어떻게 생각하나요?

비 내리는 남이섬의 노래

청춘열차
용산역에서 출발하는 열차였다
창밖을 보며 추억을 더듬어 본다

남이섬은
그리움이 깃든 편지였다
외국인의 말소리 사이로
잊고 있던 나를 꺼내 놓았다

메타세쿼이아 나무는
시간의 악보 위에 선 오선지
그 길을 따라 우쿨렐레가 조용히
노래를 시작했다

하늘이
내 마음을 건드린 손끝
뺨을 타고 악보가 흐른다
가슴속 오래된 음표를 적셨다

첫 버스킹은
세상에 내 마음을 열어 보인 연주
사람들은 들었고 나는 다시 노래를
부르게 되었다

튕겨 나가던 기억들이
하나둘 멜로디에 실려
빛처럼 번지고 있었다

남이섬은 섬이 아니라
내 안의 무대였다
비가 내리고 나는 오늘도
우쿨렐레를 연주한다

침묵의 섬 강화도

희미한 안개는
기억을 덮는 망토처럼
앞을 가리고 보이지 않는다

차가운 공기 속
나는 커피 한 잔에
상상이 노을을 저어 넣는다

탁자 위
스페인 타일은
고요한 바다 위 춤추는 정열 같고

붉은빛은
옛 전사의 피 같고
사람들의 발길을 기다리는 나무들

이 나라에선
커피가 언어요
향기가 화폐가 되었다

순간 떠오른
우리의 섬 강화도
수많은 날을 버텨온 작은 땅

역사의
물살에 꺾이고도
말 한마디 없이 버텨온 곳

사람들은 말한다
경제가 어렵다고
희망은 빵에 미래는 커피에 있다며
달콤함으로 허기를 잊으라 한다

나는 묻는다
상처 위에 설탕을 바르면
진짜 아픔은 잊힐까?

여러 곳에 카페들이
침묵의 섬을 일으킬 수 있을까?

시간의 지붕 고인돌

열려 있는 앞뒤
닫힌 지붕 하나
고인돌은 오래된 기억의 방
세월을 눕히는 침대였다

예전엔
슬픔을 눕히고 돌로 덮었다
말 없는 묘지
시간이 잠든 자리였다

고창 매산
외갓집 마을 나는 몰랐다
놀이터 아래 조용히 숨 쉬던
돌의 역사

지금은 철길이 생기고
청룡 열차가 웃으며 달린다

관광객의 발자국이
시간을 두드린다

그러나 내겐 고인돌은
기억을 품은 고요한 책장
그곳에서 꺼내 보는 어린 날의
행복한 그림 한 장이다

인생은 넓은 정원

좋은 사람을
만날 수 있는 사람은
행복한 사람이다

많은 사람과 만나
추억을 공유하며
삶을 노래했다

핸드폰 속에는
수많은 이름이 남았지만
이제는 가슴에만
조용히 품고 살아간다

인생은 넓은 정원
그 안에 예쁜 꽃들이
피어나도록 가꾸며 살아왔지만
언제까지나
꽃은 필 줄만 알았지
시들 줄은 몰랐다.

어느새
한때의 꽃들은
낙엽이 되어 흩어지고
나는 다시
새로운 씨앗을 품는다

운무가 깔린 아침

스산한 아침
하늘엔 먹구름이 번져 있고
깜박이는 등대 하나
바닷가를 지키고 서있다

호숫가엔
서서히 운무가 내려앉고
물 위엔 회색빛이
조용히 번져간다

여름 시작인데
가을이 슬며시 다가오는 듯
나뭇가지 살랑살랑 흔들리고
비에 젖은 나무들은
초록의 감정을 말하듯
저마다 향기를 피워낸다

기분 좋은 아침
구름도 나무도 바람도
함께 숨을 쉬고 있다

당신을 보면

젊은 시절의
취미가 같아 함께 뛰며
땀방울을 나누던 날들

역시나
굳은 의지로 열심히 노력했다
기술도 열정도
빛나던 당신의 모습

사랑하고 아껴주며
가정을 지키려는 따뜻한 마음

하지만
욕망이라는 날개를 펴고
사업의 바다로 더 깊이 항해했지

함께 하였던 동반자들
그 가정은 평안한지
어떤 길을 걷고 있는지
문득문득 궁금해져

다시
한 번쯤
차 한잔 기울이며
그 시절처럼 마주 보고 싶구나!

저무는 별 하나

하늘에 먼저
지는 별 하나 있었네!
나는 아직도 그 자리를 바라본다

한때 나란히 은하수를 건너던
그 별은 말없이 어둠 속으로 사라지고
남은 나는 식탁 위에
빈 그릇 하나를 바라본다

따뜻한 말 한마디 해주고 있지만
바람만이 자리를 채운다

사람들은
별은 언젠가 사라진다고 말하지만,
그래서 그게 운명이라고 한다지만
어쩌면 운명이란 것도
길 잃은 유성처럼 예고 없이 꺼지는 것

누군가는 백 해를 타고 흐르고
누군가는 꽃봉오리도 피우기 전 스러진다

나는 오늘도 밤하늘을 올려다보며
운명이란 이름에 작은 항의를 남긴다

사랑의 나무란다

부모 된 이는
정성스레 밭을 갈고
그 밭에 꽃씨 하나 심는다

시간이 흐르고
자식은 자라 나무가 되어
스스로 가지를 뻗고 잎을 피운다

이제는 평생
그늘이 되어줄
또 다른 나무를 찾아
숲을 이루려 한다

직장에서 피어난 사랑은
햇살 머금은 새순처럼
수줍고 따뜻하게 자라나,
두 손 꼭 잡고 서로의 길 위에
틀을 깔며 결혼이라는 집을 짓는다

보기 좋은 결혼식보다
소박한 마음의 예식이
더 빛나고

벌어 저축하며
함께 걸으면
단단한 기둥 하나 세워지리라

부모는 멀리서
그 숲을 바라보며
미소 짓는다
이 또한 도리이자
축복이라 하겠다

노후는 오래 익은 나무

노후는
오래 익은 나무 같다
햇살도 비도 다 맞으며
굳건히 뿌리를 내려온 나무

아침 햇살은
하루를 여는 북소리
처음 떠오른 생각이
그날의 바람을 결정한다

미소는 햇살의 꽃잎
행복은 그 위에 앉는 나비
기분 좋은 생각 하나가
온종일 향기를 퍼뜨린다

걷는다는 건
마음 밭을 갈아엎는 일
고요한 발자국마다
생명의 씨앗이 움튼다

자식은
다른 계절의 새싹
우리의 방식은 그늘이 될 수
있으니, 빛을 주고 바라만 보자

부모의 돈은
겨울 들판의 마른 장작
때가 오면 써야 할 불씨
스스로 불을 피울 힘을 기르자

배움은 언제나 자라는 덩굴
멈추지 않으면
치매라는 서리가 쉬 닿지 못하리

노후는
비바람 견뎌낸 나무의 시간
가지 끝에 핀 지혜 한 송이
바람에도 흔들리지 않는다

기적은 땀에서 온다

태양이 등을 밀어주는
뜨거운 여름날
마음의 온도를 끌어 올리며
집중력의 화살을 과녁에 꽂는다

대회장의 무대 위
빛나는 상품은
우연의 선물이 아니라
여러 번 넘어진 끝에 세운 땀의 기둥이다

박수는 기적이 아니라
끈기와 노력이 켜켜이 쌓여 피운 꽃

무대 뒤 조용한 응원의 손길
보이지 않는 후원자들이
이루어 낸 아름다운 조화이다

그러나 어떤 이들은
연습 없는 꿈을 품고 그늘에 앉아
행운이 오길 기다린다

하지만,
기적은 늘
노력하는 자의 어깨에
살며시 내려앉는다

노래하는 할머니

작년에 했던 말
자기 방식으로 엇갈려 듣고
처방전 없인 약 하나 못 사는 세상

기록했더라면
정확히 기억했더라면
결국 다른 교수에게 손 내밀진 않았을 텐데

수많은 식당 중에서도
옛것을 찾아오는 사람들
정말 그 맛이 그리워 오는 걸까
아니면 익숙함이 허기를 달래는걸까

식당 카운터 한쪽에서
축음기처럼 돌고 도는
멜로디에 맞춰 노래하는 할머니
그 음성은 지금도 나의 마음 울립니다

90세까지 그 자리를 지키며
세월을 노래하신 당신,

존경합니다

지갑 속 나무

무슨 일이든
먼저 씨를 뿌리는 농부가
가을의 풍년을 맞이하듯

잘하는 사람은
준비보다 먼저 삽을 든다

지갑은 작은 밭이다
그 안에 무엇을 심느냐에 따라
돈이라는 열매도 달라진다

복이란
햇볕처럼 따라오는 것
하지만 먼저 뿌리지 않으면
비조차 내려주지 않는다

금전운을 부른다며
붉은 종이 부적 같은 것들을
주머니에 넣어두고

게으름을
이불 삼아 덮고 산다면
그건 그림자에 길을 물으며
태양을 기다리는 일이다

운은 움직이는
자의 어깨 위에 앉는다
다시 날아가는 시작일 뿐이다

다시 심는 씨앗

한 시인의 말이
내 마음속 바람개비를 돌렸다
빛나는 시 한 줄이
어둠 속에서도 길을 비춘다고 하였다.

나는
묵은 원고를 헛간 뒤편에 묻었다
그것은 한때 꽃을 피우려 했던
봄날의 씨앗일 뿐

이제는
새벽에 핀 이슬처럼 맑고
제비가 지붕 아래 걸고 간
여름의 노래 같은 시들을
한 줄 한 줄 엮어간다

사물은 내게 속삭인다
이름을 불러 달라고
움직임을 잡아 달라고
나는 명사로 심고
동사로 숨을 불어넣는다

감성은 붓끝이 햇살이 되어
종이 위에서 무지개를 피운다
그리고 나는 기도한다

이 작은 밭에 뿌린 내 시들이
다른 이의 마음에도
꽃으로 피어나기를 기대한다

물 주는 우쿨렐레 나무

매일 같이
우쿨렐레 줄에 손을 얹는다
하지만 음표는 나뭇잎처럼 흩날리고

손끝은
언제쯤 멜로디를 맺을까
코드는 마치 외운 듯 낯선 길 표지판

팝송 한 곡
수없이 듣고 따라 불렀지만
기억은 나비처럼 머물지 않고 훌쩍 날아간다

나는 오늘도
우쿨렐레 나무에 물을 준다
연습이란 햇살도 함께 얹는다
하지만 싹은 아직
작은 떨림으로만 흔들린다

기억은 구름
의지는 뿌리
익숙함은 언젠가 열매가 되어
노래로 익어갈 것인가?

건강과 등불

돈이란
어두운 길의 작은 등불 같아서
없으면 발걸음이 더디지만
몸이 건강하면
달빛만으로도 길은 걸어갈 수 있지

친구는
백두대간을 거닐던 산새 같았어

늘 높이 날던 날개가
어느 날 갑자기 접히고
결혼식장엔
바람에 꺾인 가지처럼
휠체어에 기대어 앉아 있었다

친구야
비록 가진 것이 적더라도
우리는 풀잎처럼 유연하게
햇살 따라 웃으며 살아가자

비에 젖어도
금세 마르는 게
풀잎 아니겠니

내가 병이 나면
나무 하나 쓰러져
숲 전체가 흔들리는 것처럼
주위 사람들 마음이 시들어가더라

이젠 우리의 모임도
낙엽처럼 흩어지는구나
예전엔 폭포처럼
웃음이 쏟아졌는데 지금은,
조용히 숨어있는 친구들이 보고 싶다

대장장이의 무기

남들 눈치 살핀다
쇠붙이처럼 식어갔다

하지만,
불꽃 같은 호기심으로
연구의 화로에 나를 넣었다

두드리고 또 두드리자
결과는 번쩍이는 칼날이 되었고
세상에 하나뿐인
나만의 무기가 되었다

길을 잃은 나침반처럼
헤매던 시간 끝에
나는 나만의 방식으로
기준이라는 지도 하나를 그렸다

삶이란 거친 광석
그 속에서 빛나는 보석은
오직,
노력이라는 망치질로만 꺼낼 수 있었다

이제야 안다
이리저리 들썩이는 욕심과
불안의 바람을 잠재우는 법을 안다

흔들리지 말라고
내 안의 불꽃 하나
작은 불씨처럼 속삭여 준다

렌즈 위에 피는 바람

디렉시티뷰
도시의 벽 너머로 한 컷 들이쉰
초록 숨결이 화면 가득 번진다

렌즈는 작은 창
그 창을 통해 나는 흘러가고
앞서 걷는 사람은 맨발의 심장처럼
땅에 박동을 새긴다

나는 말한다
이 한 걸음이 너의 혈맥을 맑게 하고
햇살이 너를 꽃처럼 피게 하기를 더 크게 외친다
나만이 아니라 우리 모두의 혈맥이
이 산책로의 그늘 속에서 우리는
시원히 흐르게 하기를 기도한다

초록은 초록끼리
등을 밀어 숲을 일으키고
바람은 바람끼리 손을 잡아 구름을 키우듯

오늘의 영상도
하나의 파동이 되어
우리의 가족과 모두 마음을 두드린다

그래, 친구야
큰일이란 대단한 계획보다
하루 한 사람의 맨발을
흙 위에 내려놓게 하는 것이다

작은 렌즈
끝에서 번지는 사랑이
마침내 모두의 발걸음을 깨우면
그것이면 큰일 아닌가!

제5부 사계절이 머문 자리

봄날의 향기
봄날의 변덕
봄바람 이야기
봄날의 설렘이 희망으로
봄날의 스케치
봄날의 자연의 노래
봄의 속삭임
사계절이 머문 자리
사계절이 운명
삶이 서로 다른 꽃
소풍 가는 봄날
시들지 않는 꽃
비에 젖은 라일락
익어가는 꽃
초록의 노래
햇빛을 사는 사람들
스트릿카의 요술
습지의 인사
생명의 봄 소리였다

봄날의 향기

목련이
하얀 옷을 입고
천사처럼 내려왔다

개나리가
노란 옷을 입고
춤추고 있다

진달래가
빨간 옷을 입고
정열적인 모습이다

하얀 옷 노란 옷 빨간 옷
봄날의 향기를 품어내고 있다

봄날의 변덕

어제는 겨울
오늘은 봄날
하루 사이 날씨는 변덕스럽고

어제는 슬픔
오늘은 기쁨
마음마저 오락가락 흔들리고

어제는 아픔
오늘은 건강
몸도 따라 춤추듯 달라지네

살랑이는 개나리
흔들리는 산수유
만개한 벚꽃 사이로
사랑이 피어난다

바람에 실려 온 봄빛
다시 내 안에 피어난다

봄바람 이야기

바람이
지나간 자리마다
나뭇잎은 속삭이고
구름은 조용히 머물다 간다

산들산들
흔들리는 갈대처럼
내 마음도 가볍게 흔들리고
한 줄기 바람에 기억이 실린다

귓가를 스치는
작은 목소리
보이지 않지만
느낄 수 있는 것은
오늘도 바람은 이야기를 남긴다

그 이야기를
조용히 마음에 담는다
봄바람이 전하는 이야기들

봄날의 설렘이 희망으로

산수유가
살랑살랑 춤추며
바람에 실려 인사하고

목련이
환한 미소로
행복을 건네며 인사한다

철쭉이
새순이 움트며
설렘 가득한 봄의 인사를 전하니

둘레길을 걸으며
꽃들과 인사를 나누는 시간
그것이 바로 봄을 맞이하는 기쁨

사람들의 마음에도
희망이 움트고
행복이 피어나는 풍경이 그려진다

세상의 흐름이 거칠어질 때
불안은 짙어지지만
봄날의 향기를 품은 희망으로
바꾸어 가보자

봄날의 스케치

벚꽃이
한 사람 두 사람
눈을 뜨기 시작하는 아침
살며시 봄이 손짓한다

목련이
활짝 웃으며
하얀 얼굴로 인사하고

멀리서
개나리가
노란 손을 흔든다

오고 가는
꽃들의 행렬 속에
진달래는 산 정상에서

붉은 깃발처럼 나부끼며
함께하자 손짓한다

꽃향기 가득한 봄날
새순처럼 피어나는 희망이

따뜻한 바람을 타고
우리 마음속에 내려앉는다

봄날의 자연의 노래

겨울이 남긴 흔적 위로
햇살이 부드럽게 내려앉는다
얼었던 땅속에서
새싹 하나 조용히 몸을 일으킨다

맥문동이 봄바람에 윤기가
자르르 흐르고 봄날에 인사가
따뜻해서 좋은 날에

바람은 나뭇가지를 어루만지며
긴 잠을 깨우고
산과 들은 초록빛 물감을 퍼뜨린다

겨우내 기다리다 쓰러진
고목 너는 언제 그렇게
나이를 많이 먹었나!

강물은 흐르며 봄을 노래하고
새들은 지저귀며 계절을 부른다
꽃잎이 하나둘 피어나며
세상은 다시 설렘으로 물든다

낙엽은 색바랜 모습으로 새싹을
감싸 주고 사철나무 파랗게 젊음을 표시한다

그렇게 자연은 아무 말 없이
분명하게 새로운 시작을 알린다

봄은 희망과 설렘이 시작된다
새롭게 시작하는 봄날에
행복한 삶이고 싶어라

봄의 속삭임

나의 마음 그릇에
무엇을 담을까?

새순이 돋아나는
봄의 속삭임을 담을까?

찬 겨울바람 틈에서
숨죽인 봄의 노래

매화가
살며시 피어나
따뜻한 소식을 전해준다

하얀 눈
소복이 쌓인 거리엔
겨울의 마지막 축제

꽃샘추위에 떨던 목련도
이제야 조심스럽게 얼굴을 내민다

봄은 그렇게
오랜 기다림 끝에
우리 곁으로 스며든다

사계절이 머문 자리

길을 걷다 문득
어디서 왔는지 모를 바람이
뺨을 스치고 지나간다

봄날의 향기 품은 바람은
꽃잎을 흔들어 미소 짓게 하고

여름의 뜨거운 숨길은
그늘에 쉼을 선물한다

가을바람은
낙엽을 데리고
춤추듯 흔들리고

겨울바람은
차가운 손끝에
온기를 묻는다

우리의 삶도 그렇게
수많은 바람을 맞으며
어디론가 흘러가겠지

그 바람이
머문 자리마다 따뜻한 기억
추억으로 남기를 바란다

사계절이 운명

비 오는 거리
차가운 골목
사계절은 기억 속으로 사라졌다

어제는 여름
오늘은 겨울
내일은 어쩌면 봄

누군가는 도전하고
누군가는 외면하며
우리는 선거하는 사회

물가는 오르고
경제는 식어가고
민심은 차갑게 흔들린다

모든 것은
겨울이 지나고 나서
따뜻한 햇살이 비추는
봄날을 기다린다

삶이 서로 다른 꽃

세월이
한 장씩 넘기는 계절의 책

봄은
매화 향기로 첫 줄을 쓰고

여름은
녹음 속에서 뜨거운 이야기를 새긴다

가을은
단풍을 물들이며
추억을 책갈피에 끼워 넣고

겨울은
눈꽃으로 빈 페이지를 덮는다

그 사이를 걷는 우리는
때로는 환한 햇살 속에서 웃고
때로는 차가운 비에 젖으며
각자의 문장을 써 내려간다

서로의 시간이 다르다 해도
우리는 같은 정원에서 피고 지는 꽃

바람 곁에 흔들리면서도
저마다의 향기로 살아간다

소풍 가는 봄날

안개 자욱한 거리
버스 창가에 앉아
흐릿한 세상을 바라본다

보일 듯 말 듯
그림처럼 보이는 항구도시
바다는 잔잔하다

풍금 소리 울려 퍼지고
우리는 즐거운 마음으로
조용히 젊음을 발산한다

오늘은
소풍 가는 날
초등학교 친구들과 함께
하루의 풍경이 그려진다

개나리가 살랑살랑 춤추고
진달래가 산야에서 오라고
손짓하는 봄날에
행복한 삶이고 싶어라

시들지 않는 꽃

구경하는 꽃들과
흩날리는 벚꽃이
어우러진 자리
웃음꽃이 활짝 피어난다

인생 꽃이 좋아서일까?
벚꽃이 좋아서일까?
도무지 가늠할 수 없다

화창한 봄날
햇살 속 쏟아지는 열기
문득 여름을 떠올리게 한다

꽃이 시들고
벚꽃잎이 모두 져버리면
허무함이 밀려올 것만 같다

시들지 않는 꽃
지지 않는 벚꽃은
이 세상에 없을까?

비에 젖은 라일락

어제는
흔들흔들 건달 같은 꽃

오늘은
슬픔에 젖은 사랑의 꽃

한껏 향기를 품고
자태를 뽐내던 너였지만

날씨 따라
건달 꽃 되었다가

비에 젖어
눈물 어린 사랑 꽃 되었구나

익어가는 꽃

벌들이
나를 맴돌 때
내가 익어가는 줄 몰랐다

벌들이
꽃향기를 느끼면서

주위를
빙빙 돌고 있을 때도
내가 꽃이 된 줄 몰랐다

어느새
노란빛이 감돌고

단내가
번져갈 때도
나는 내가 익어가는 줄 몰랐다

꽃잎이
하나둘 지고
바람이
내 어깨를 스칠 때
그제야 알았다

나는
꽃이었다가
열매가 되었다가
이제는 익어간다는 것을…

초록의 노래

햇살이
따뜻하고 파란 하늘에
하얀 구름 떠 있고

들판에는
파릇파릇 풀잎들이
단체로 소풍을 왔다

산야에는
초록색 나무들이
줄지어 행군하고

하나둘
초록 물들며 세상을
꽃피우는 나무들

끝없이
펼쳐진 바다는
나를 위해 속삭이며
잔잔한 노래를 부른다

햇빛을 사는 사람들

낮에는
봄인가 했는데
저녁 바람이 쌀쌀하고
겨울이 아쉬워 못 가는데

아파트가
하늘을 딸(닿을) 듯 솟아오르고
이곳엔 긴 그림자가 드리운다

햇빛은
부자의 것이 되었고
잠깐 머물다 사라진다

돈 주고 산
햇살 아래 그들은 창을 열어
따뜻함을 자랑하겠지

나는 바람이
스쳐 간 골짜기에서
서글픈 하늘을 올려다본다

햇빛도 바람도
값을 매길 수 없는 것들이
멀어져 가는 세상에서…

*스트릿카의 요술

시장 거리
오픈카로 달린다
이리저리 얽힌 거리

옆으로 스쳐 가는 수많은 오토바이
각자의 방향으로
각자의 속도로
이 거리의 혼잡함 속에서
운전이 예술이 되고
오토바이의 민첩함은
요술 같아 감탄을 자아낸다

각국에서 온 여행자들이
호기심 가득한 눈으로
거리를 바라보고
이곳에서
삶을 이어가는 이들은
다른 시선으로 세상을 본다

다양한 생각과
삶의 방식
그 차이는 결국
민족성이라는 이름 아래
정리될 것만 같은 느낌이야

시장의 소음과 활기가
서로 다른 이야기를 품은 사람들을

하나로 묶어내는
보이지 않는 삶이 된다

*스트릿카: 베트남 여행에서 많이 볼 수 있는 오토바이로 뒷좌석을 네 명 탈 수 있게 만들었다. 여행객들이 이를 타고 다니면서 시장 등을 구경할 수 있다.

습지의 인사

병풍처럼
둘러싸인 석회암 아래
노 젓는 아낙네들의 손길이 잔잔하다

흙탕물 위에
웃음소리 흐르고
이름 모를 풀잎들은
행복한 미소로 손짓한다

수많은
발걸음이 지나갔지만
사랑스러운 그대들의 얼굴은
언제나 새롭고 행복하다

풀잎들이
말을 건넨다
어디에서 오셨어요?

갈대밭의
갈대들은 몸을 흔들며
그들만의 인사법으로 반겨준다

생명의 봄 소리였다

칠십의 나이에 접어드니
마음속 빈 화분 하나
자꾸만 손주의 얼굴을
상상으로 피워본다

오늘은
햇살이 유난히 따뜻한 날
아들과 며느리가
한 장의 사진을 건넨다

그 사진은
작은 씨앗의 소식
꽃봉오리가 막 생긴
생명의 봄소리였다

"임신했어요."
그 말 한마디가
마치 겨울 끝자락에서
들려오는 새싹의 인사처럼 가슴을 두드린다

삶은,
햇빛과 비를 함께 받는 밭과도 같다
기쁜 일 속엔 행복이 피고
때로는 고난의 잡초도 자란다

하지만 정성껏 돌보고
사랑으로 감싸면 언젠가는 꽃이 핀다

행복은
하늘에서 떨어지는 것이 아니라
땅을 일구며 스스로 키우는 것

고난이 찾아와도
흔들리는 나무가 되지 말고
단단한 뿌리로 다시 웃음을 피워내자

에필로그

젊은 시절에는 현대그룹에 근무하면서 울산 장생포에서 율산그룹에 스카우트 되기도 하였다.

결혼하고 지인의 도움으로 사업을 시작하였고, 30년의 사업을 하면서 배움을 찾아서
연세대 경영대학원 최고경영자 과정을
중앙대 건설대학원 최고경영자 과정을
광운대 경영대학원 최고경영자 과정을
서울대 농생대학교 환경지도자 과정을 다니면서 많은 인연을 만들었고 사업의 기업가정신을 배웠다.

55세 어느 날, 배움을 찾아서 대학에 입학하였다. 대학교 4년을 마치고 석사과정에 입학하였다.

여기까지만 배우려 했는데 배움의 끝은 한이 없고 박사과정에까지 진학하였다. 박사과정을 공부하면서 사업과 공부 속에 갈등이 시작되었다. 사업하면서 박사 공부를 할 수가 없었다.

30년 동안 하였던 튼튼한 사업을 접었다. 박사 공부하기 시작하여 2년은 박사과정 2년은 학교 중앙도서관에서 연구하면서 대학교 입학 후 10년 만에 숭실대학교 경영학 박사학위를 취득하였다.

그리고 숭실대학교 중소기업대학원 겸임교수로 근무하였고, 은퇴 후 시인과 수필가 등 문인으로 활동하며 시를 쓰기 시작하였으며 하루에 한 편의 시를 블로그에 올리기 시작하여 현재 1,219편의 시가 블로그에 올라가 있다.

언제나 아낌없이 성원해 준 가족에게 고맙다고 전하고 싶고, 아내 신복순 여사의 두 편의 시, 즉 '내 안의 지식'과 '엄마라는 이름은' 시가 있어 기쁘기 그지없다.

2025년 7월 한여름
시인 井瑞 김 용 기

인생은
넓은 정원

초 판 인 쇄	2025년 07월 22일
초 판 발 행	2025년 07월 25일
지 은 이	김 용 기
발 행 처	다담출판기획 TEL : 02)701-0680
	서울시 영등포구 영신로30길 14, 2층
편 집 인	박 종 규
등 록 일	2021년 9월 17일
등 록 번 호	제2021-000156호
I S B N	979-11-93838-54-9 03800
가 격	18,000원

본 책은 지은이의 지적재산이므로 무단전재와 복제를 금합니다.